Veronika Seitz

Wahrnehmung und ihre Veränderung durch die technische Reproduzierbarkeit

In der Beschreibung von Walter Benjamin

GRIN Verlag

Bibliografische Information der Deutschen Nationalbibliothek:

Die Deutsche Bibliothek verzeichnet diese Publikation in der Deutschen National-
bibliografie; detaillierte bibliografische Daten sind im Internet über http://dnb.d-
nb.de/ abrufbar.

Impressum:

Copyright © 2010 GRIN Verlag GmbH
Druck und Bindung: Books on Demand GmbH, Norderstedt Germany
ISBN: 978-3-656-34500-8

Dieses Buch bei GRIN:

http://www.grin.com/de/e-book/207250/wahrnehmung-und-ihre-veraenderung-
durch-die-technische-reproduzierbarkeit

GRIN - Your knowledge has value

Der GRIN Verlag publiziert seit 1998 wissenschaftliche Arbeiten von Studenten, Hochschullehrern und anderen Akademikern als eBook und gedrucktes Buch. Die Verlagswebsite www.grin.com ist die ideale Plattform zur Veröffentlichung von Hausarbeiten, Abschlussarbeiten, wissenschaftlichen Aufsätzen, Dissertationen und Fachbüchern.

Besuchen Sie uns im Internet:

http://www.grin.com/

http://www.facebook.com/grincom

http://www.twitter.com/grin_com

Institut für Theater-, Film- und Medienwissenschaft

Proseminar
Kritische Medientheorien
Sommersemester 2010

Wahrnehmung und ihre Veränderung

durch die technische Reproduzierbarkeit in der Beschreibung von Walter Benjamin

Vorgelegt von:

Veronika Seitz
Theater-, Film- und Medienwiss.
BA, 2. Sem.

Wahrnehmung und ihre Veränderung

durch die technische Reproduzierbarkeit in der Beschreibung von Walter Benjamin

Inhaltsverzeichnis

1. Einleitung

Walter Benjamin bezeichnet seinen Aufsatz „Das Kunstwerk im Zeitalter seiner technischen Reproduzierbarkeit" als ein Kompendium von „Thesen über die Entwicklungstendenzen der Kunst unter den gegenwärtigen Produktions-bedingungen" (S.352), aufgestellt unter dem Ausgangspunkt der Wahrnehmung und der Veränderungen der Wahrnehmungsformen (vgl. Lindner, S.18). Er mutmaßt, dass neue Medien einen Bruch in traditionellen Mustern der menschlichen Wahrnehmung bewirken.

Der Aspekt der Wahrnehmung scheint mir interessant. Deswegen soll im Folgenden der „Kunstwerkaufsatz" unter diesem Aspekt analysiert werden. Was hat es mit der Wahrnehmungsveränderung nach Benjamin auf sich?

Zunächst werden die für den Wahrnehmungsbegriff relevanten Benjaminschen Begriffe Kunstwerk, Aura, technische Reproduzierbarkeit, sowie Photographie und Film erläutert, um im zweiten Teil der Arbeit auf die Wahrnehmung und ihre Veränderung, die Walter Benjamin v.a. durch den Film gegeben sieht, auszuleuchten.

2. Begrifflichkeiten

Ein Kunstwerk, sei es ein Gemälde oder ein Film, beruht auf Wahrnehmung. Durch die technische Reproduzierbarkeit verändert sich die künstlerische Abbildung und damit die Wahrnehmung. Photographie und Film beruhen auf Reproduktion. Annäherung an einige Benjaminsche Begrifflichkeiten.

2.1. Das Kunstwerk

Ursprüngliche, also sog. auratische Kunstwerke entstanden „im Dienst eines Rituals" (S.358). Diese auratische Daseinsweise des Kunstwerks löse sich niemals von seiner Ritualfunktion (vgl. ebd.): *„Der einzigartige Wert des ›echten‹ Kunstwerks hat seine Fundierung im Ritual, in dem es seinen originären und ersten Gebrauchswert hatte."* (ebd.) Frühe Kunstwerke sind gekennzeichnet durch „Einmaligkeit [bzw. Einzigkeit, was identisch sei mit dem Eingebettetsein in den Traditionszusammenhang] und Dauer" (S.357).

Je mehr sich die Kunst aber von ihrem Ritualdasein emanzipiert, was in der Moderne der Fall sei, desto mehr steigt ihre Ausstellbarkeit. Die Funktion und der Charakter der Kunst verändern sich also. Der Ausstellungswert der reproduzierbaren, auf Reproduktion angelegten und damit nicht mehr auratischen Kunstwerke steigt gegenüber ihrem Kultwert. Da das absolute Gewicht zunehmend auf dem Ausstellungswert des Kunstwerks liegt, kommen ihm neue (veränderliche) Funktionen zu (vgl. S.361).

2.2. Die Aura eines Kunstwerks

Den Begriff der Aura umschreibt Benjamin zunächst mit dem „einmaligen Dasein[...] an einem Orte" (S.354) bzw. „Echtheit"[1], die beide im Zuge des Zeitalters der Reproduzierbarkeit verkümmern bzw. ausfallen. (vgl. S.355)

> „Die Definition der Aura als ›einmalige Erscheinung einer Ferne, so nah sie sein mag‹ stellt nichts anderes dar als die Formulierung des Kultwerts des Kunstwerks in Kategorien der raum-zeitlichen Wahrnehmung. Ferne ist das Gegenteil von Nähe. Das *wesentlich* Ferne ist das Unnahbare. In der Tat ist Unnahbarkeit eine Hauptqualität des Kultbildes. Es bleibt seiner Natur nach ›Ferne so nah es sein mag‹. Die Nähe, die man seiner Materie abzugewinnen vermag, tut der Ferne nicht Abbruch, die es nach seiner Erscheinung bewahrt." (S.358)

Der Verfall der Aura ist ein Symptom der Moderne. „Die Wahrnehmung der Aura geht [aber erst] aus ihrem Verlust hervor." (Geulen, S.598) Das heißt, dass die Aura als die Besonderheit der traditionellen Kunst sich erst dann zeigen konnte, als sie ausfiel bzw. diesen Charakter verlor.

Für Elo ist „der Verfall der Aura" „einer der Namen für den modernen Erfahrungsverlust" (Elo, S.118), der auch eine neue, erst in der Moderne mögliche Dimension der Erfahrung zulässt.

2.3. Die (technische) Reproduzierbarkeit des Kunstwerks

Die Geschichte der Reproduktion beginnt (nach Benjamin) mit der Bronze/Münzen-Produktion. Später wird durch den Buchdruck die Schrift reproduzierbar, dann durch die Lithographie die Graphik. Mit der danach sich verbreitenden Photographie wird schließlich das Kunstwerk identisch kopierbar. In ihr *„beginnt der Ausstellungswert den Kultwert auf der ganzen Linie zurückzudrängen"* (S.362). Der Tonfilm, der am

---

[1] „Der gesamte Bereich der Echtheit entzieht sich der technischen Reproduzierbarkeit", da 1. die technische Reproduktion dem Original gegenüber selbstständiger ist und 2. die technische Reproduktion das Abbild in Kontexte bringen kann, die dem Original unmöglich sind. Z.B.: eine Kathedrale wandert ins Studio (vgl. S.354f.)

gegenwärtigen Höhepunkt dieser Entwicklung stehe, sei bereits virtuell in der Photographie enthalten gewesen.

Dadurch, dass bei der Photographie die künstlerische Arbeit von der Hand an den Apparat bzw. an das ins Objektiv blickende Auge geht (vgl. S.353), kommt es zu einer drastischen Beschleunigung. Technisch Reproduziertes/Reproduzierbares ist also gekennzeichnet durch „Flüchtigkeit und Wiederholbarkeit" (S.357).

Benjamin beschreibt, dass die technische Reproduktion um 1900 beginnt, die überkommenen Kunstwerke zu ihrem Objekt zu machen und die Wirkung dieser Kunstwerke tiefgreifend verändert. Außerdem wird die technische Reproduktion als „künstlerische Verfahrungsweise" akzeptiert (vgl. S.353).

Durch die Reproduktionstechnik wird das Reproduzierte also aus dem Bereich der Tradition abgelöst[2], wird (vom Einmaligen) zur Masse und wird aktualisiert, da es dem Rezipienten in seiner jeweiligen Situation entgegen kommen kann (vgl. S.355). Durch die Möglichkeit der massenhaften Reproduktion werden die Kunst und ihre Rezeption einem Wandel unterworfen.

2.4. Die Medien der Reproduktion: Photographie und Film

Die Kunst und ebenso ihre Wahrnehmung ist durch die Entwicklung von Photographie und Film, die zum einen durch die Möglichkeit der massenhaften Reproduktion, zum anderen durch eine ihnen eigentümliche veränderte Abbildung der Wirklichkeit zunächst beim Rezipienten und damit dann generell zu einer veränderten Wahrnehmung führen, einem Wandel unterworfen. Benjamin erkennt Photographie und Film als „brauchbare Handhaben", um gegenwärtige Veränderungen zu erkennen.

Dadurch, dass das Publikum sich nur in den Darsteller einfühlen kann, *indem es sich in den Apparat einfühlt*", übernimmt es dessen examinierende Haltung, der Kultwerte aber nicht ausgesetzt werden könnten (vgl. S.365). Außerdem bedingt die Technik des Films, „dass jeder den ausgestellten Leistungen als halber Fachmann beiwohnt" (S.369).

Die Rezeptionssituation ist, verglichen mit der des traditionellen Kunstwerks mediumsgemäß eine andere, was u.a. dadurch bedingt ist, dass der Film die technische Apparatur nicht zu erkennen gibt.[3]

---

[2] „Die technische Reproduzierbarkeit des Kunstwerks emanzipiert dieses zum ersten Mal in der Weltgeschichte von seinem parasitären Dasein am Ritual." (S.359)

[3] Eine Tonfilmaufnahme „stellt einen Vorgang dar, dem kein einziger Standpunkt mehr zuzuordnen ist, von dem aus die zu dem Spielvorgang als solchen nicht zugehörige Aufnahmeapparatur [...] nicht in das Blickfeld des Beschauers fiele." (S.371)

Von der Entstehungsseite her betrachtet: Während der Maler gleich einem Magier eine natürliche Distanz zum Gegebenen beibehält, dringt der Kameramann wie ein Chirurg „ins Gewebe der Gegebenheit ein" (S.372) und erhält so ein vielfach zerstückeltes Bild,

> „dessen Teile sich nach einem neuen Gesetz zusammenfinden. *So ist die filmische Darstellung der Realität für den heutigen Menschen darum die unvergleichlich bedeutungsvollere, weil sie den apparatfreien Aspekt der Wirklichkeit [...] gerade auf Grund ihrer intensivsten Durchdringung mit der Apparatur gewährt.*" (ebd.)

Der Film kann also neue Strukturen der Materie zum Vorschein kommen lassen: Durch ihn werden andere Dinge wahrnehmbar, denn er hat „Dinge isoliert und zugleich analysierbar gemacht, die vordem unbemerkt im breiten Strom des Wahrgenommenen mitschwammen" (S.374). Die Kamera erlaubt Nahaufnahmen und Zeitlupen. So wurde z.B. erst in der Zeitlupe erfassbar, wie Pferde beim Lauf ihre Hufe aufsetzen.

Filmwahrnehmung durch den Zuschauer ist gekennzeichnet durch eine stete Unterbrechung seiner Assoziationen, da die Bilder in zu schneller Veränderung ablaufen.

> „Darauf beruht die Chockwirkung des Films, die [...] durch gesteigerte Geistesgegenwart aufgefangen sein will. *Kraft seiner technischen Struktur hat der Film* [eine] *physische Chockwirkung.* (S.378)

3. Die Veränderung der Wahrnehmung

Das Kunstwerk verändert sich also im Zeitalter der Reproduktion in seinem Wesen, wodurch die Aura ausfällt. Dies ist dadurch bedingt, dass Kunstwerke mit Photographie und Film den Charakter des vielfach Reproduzierbaren angenommen haben. Abgesehen davon, dass diese Situation einen (Funktions-)Wandel in der Kunst an sich bewirkt, provoziert sie v.a. auch einen Wandel in der Wahrnehmung der rezipierenden Personen, bzw. weist auf die durch die Industrialisierung notwendig gewordene gesellschaftliche Wahrnehmungsveränderung hin.

3.1. Ausgangspunkte der Veränderung der Wahrnehmung

Die (sinnliche) Wahrnehmung ändert sich zunächst im Zusammenspiel mit in der Alltagspraxis, also im industrialisierten Arbeitsleben verankerter Technik (vgl. Missomelius, S.68). Neben den Massenmedien beeinflussen die veränderten Arbeitsformen das Sehen im 20. Jahrhundert: Die Arbeitsprozesse bestehen auch überwiegend aus den Wahrnehmungsvorgängen Beobachten, Erfassen und Darstellen (vgl. Missomelius, S.62).

Maßgeblich für Benjamins Betrachtung sind die Wahrnehmungsumfelder, die Gegenstand moderner Wahrnehmung sind, also die Straßen der Stadt, das Kino und die Einkaufspassagen. (vgl. Missomelius, S.63) In der Entsprechung zum Sehen im Arbeitsumfeld bemerkt er:

> „Wenn Poes Passanten noch scheinbar grundlos Blicke nach allen Seiten werfen, so müssen die heutigen das tun, um sich über die Verkehrssignale zu orientieren. So unterwarf die Technik das menschliche Sensorium einem Training komplexer Art. Es kam der Tag, da einem neuen und dringlichen Reizbedürfnis der Film entsprach. Im Film kommt die chockförmige Wahrnehmung als formales Prinzip zur Geltung. Was am Fließband den Rhythmus der Produktion bestimmt, liegt beim Film dem der Rezeption zugrunde." („Über einige Motive bei Baudelaire", S.630f.)

Das Reizbedürfnis entspringt der Zerstückelung der arbeitsteiligen Produktionsprozesse, mit denen zurechtzukommen es die Kunst des Films braucht.

> Der Film ist der gesteigerten Lebensgefahr, der die Heutigen ins Auge zu sehen haben, entsprechende Kunstform. Das Bedürfnis, sich Chockwirkungen auszusetzen, ist eine Anpassung der Menschen an die sie bedrohenden Gefahren." (S.378)

3.2. Traditionelle Wahrnehmungsformen

Die vorindustriellen Wahrnehmungsformen sind zunehmend durch die Reproduzierbarkeit des Audiovisuellen bestimmt. Die Massen suchen Zerstreuung, die „alte" Kunst dagegen verlangt vom Betrachter Sammlung (vgl. S.379).

Kunstwerke können mit zwei gegensätzlichen Akzenten rezipiert werden: entweder mit dem Akzent auf dem Kultwert oder dem auf dem Ausstellungswert, wobei im zeitgenössischen Kontext meist ein Oszillieren zwischen beiden stattfindet. „Der Übergang von der ersten Art der künstlerischen Rezeption zur zweiten bestimmt den geschichtlichen Verlauf der künstlerischen Rezeption überhaupt." (S.360) beschreibt Walter Benjamin die Veränderung der Betrachtung eines Kunstwerks und merkt an, dass bei zunehmender Marginalisierung einer Kunst in der Gesellschaft die kritische und die genießende Haltung der Rezipienten auseinander fallen. „Das Konventionelle wird kritiklos genossen, das wirklich Neue kritisiert man mit Widerwillen." (S.373)

3.3. Äußere/äußerliche Veränderungen

Durch die neue Technik der Photographie bzw. des Films wird die Hand und das Wahrnehmungsfeld Hand/Auge durch die Apparatur entlastet. Der Referent wird vom Original zum Reproduzierbaren verschoben. (vgl. Lindner, S.18)

Die neuen Medien schaffen eine räumliche Distanz zwischen Beobachter und Beobachteten, die es dem Rezipienten ermöglichen das Geschaute (also auch die betrachteten Personen) als Objekt wahrzunehmen. Das Publikum muss sich nämlich, um sich in den Darsteller einfühlen zu können, zunächst in die dazwischen geschaltete filmische Apparatur einfühlen und übernimmt daher die wertende, testende Haltung der Kamera.

3.4. Die veränderte Wahrnehmung

Der Mensch muss sich erst an die veränderte Wahrnehmungssituation gewöhnen (s.u.). Wurde das traditionelle auratische Kunstwerk in einem Zustand der Kontemplation, also der Konzentration und Sammlung rezipiert (vgl. Geulen, S.587), so weicht diese Haltung bei nicht-auratischen späteren Kunstwerken mediumsbedingt einer Haltung der Zerstreuung bzw. zerstreuten Wahrnehmung.

Außerdem wird der Zuschauer ein begutachtender: „Das Publikum fühlt sich in das Kunstwerk nur ein, indem es sich in den Apparat einfühlt. Es übernimmt also dessen Haltung: es testet." (S.365) „Im Kino fallen [also] kritische und genießerische Haltung des Publikums zusammen." (S.373)

Die Rezeptionssituation unterscheidet sich im Vergleich zu der des traditionellen Kunstwerks noch mehr: Der Zuschauer schaut einen Film im Kollektiv (nicht mehr in einsamer Versenkung) und zeitgleich (vgl. S.373), was ihn zu einem vereinheitlichten Teil der Masse werden lässt. Die zudem beiläufig bemerkende Haltung, also die Haltung zerstreuter Aufmerksamkeit wertet Benjamin als Anzeichen tiefgreifender Veränderungen in der Wahrnehmungsweise (vgl. S.380).

Außerdem kennzeichnet sich die neue Rezeptionssituation laut Benjamin durch das Bedürfnis des modernen Menschen, „des Gegenstands aus nächster Nähe [...] habhaft zu werden" (S.357):

> „Es entsteht ein Verlangen, das auf ›Verkleinerung‹, auf ›Transportierbarkeit‹ und vor allem auf die »nächste Nähe« des Daseins ausgerichtet ist. [...] Dieses Verlangen nach Nähe durch Reproduktionszugang wird durch die neuen elektrischen Verbreitungsmedien des Audio- und Bildfunks gesteigert" (Lindner, S.19)

und findet seinen Höhepunkt im gegenwärtigen Entwicklungsstand der Informations- und Unterhaltungstechnologien (Smartphone, Notebook, ubiquitäres WLAN). Das oben angesprochene Verlangen entsteht aus der Abstraktheit der Künste und Arbeitsvorgänge und resultiert in Erfahrungsarmut. „Erfahrungsarmut ist die

Formel, für die dann später im Kunstwerk-Aufsatz der »Sinn für das Gleichartige in der Welt« als Wahrnehmungssignatur eingeführt wird." (Lindner, S.26)

> „Die Aufgaben, welche in geschichtlichen Wendezeiten dem menschlichen Wahrnehmungsapparat gestellt werden, sind auf dem Wege der bloßen Optik, also der Kontemplation, gar nicht zu lösen. Sie werden allmählich, nach Anleitung der taktilen Rezeption, durch Gewöhnung bewältigt.

> Gewöhnen kann sich auch der zerstreute. Mehr: gewisse Aufgaben in der Zerstreuung bewältigen zu können, erweist erst, dass sie zu lösen einem zur Gewohnheit geworden ist. Durch die Zerstreuung, wie die Kunst sie zu bieten hat, wird unter der Hand kontrolliert, wie weit neue Aufgaben der Apperzeption lösbar geworden sind. Da im Übrigen für den Einzelnen die Versuchung besteht, sich solchen Aufgaben zu entziehen, so wird die Kunst deren schwerste und wichtigste da angreifen, wo sie Massen mobilisieren kann. Sie tut es gegenwärtig im Film. *Die Rezeption in der Zerstreuung, die sich mit wachsendem Nachdruck auf allen Gebieten der Kunst bemerkbar macht und das Symptom von tiefgreifenden Veränderungen der Apperzeption ist, hat am Film ihr eigentliches Übungsinstrument.* In seiner Chockwirkung kommt der Film dieser Rezeptionsform entgegen.

> Der Film drängt den Kultwert nicht nur dadurch zurück, dass er das Publikum in eine begutachtende Haltung bringt, sondern auch dadurch, dass die begutachtende Haltung im Kino Aufmerksamkeit nicht einschließt. Das Publikum ist ein Examinator, doch ein zerstreuter." (S.380f.)

4. Fazit

Die neuen Kommunikationstechnologien erwiesen sich also tatsächlich als brauchbare Handhaben, um Veränderungen zu erkennen, einen Bruch in traditionellen Mustern der menschlichen Wahrnehmung bewirkten sie aber nicht ursächlich. Dieser Bruch ging eher von den veränderten Lebensbedingungen im Allgemeinen aus als vom Film. Durch die neuen Strukturen verwendeten die Menschen ihre Zeit nicht mehr zur Kontemplation. Die generelle Beschleunigung des Lebens (verursacht durch die Industrialisierung und ihre Konsequenzen) verursachte im Individuum das Bedürfnis nach Ablenkung.

Denn auf Dauer ertrug der Mensch das Leben im Rationalismus nicht. Er brauchte, um mit der Arbeits- und Lebenssituation in der Stadt zurechtzukommen, die Träumerei bzw. Zerstreuung, die der Film ihm bot. Denn, um mit Jean Epstein zu sprechen: der Film wirkt als ein Gegengift zu den Routinen der Abstraktion.[4]

Der moderne Mensch hatte im zergliederten arbeitsteiligen System der gegenwärtigen Produktionsbedingungen arbeitender Weise zu funktionieren. Er wurde nicht als einzelner, sondern als Teil der Masse wahrgenommen und verhielt sich demgemäß. Auch in der Freizeit schloss er sich im Kino dem Kollektiv an: mit dem Film wurde und wird der Blick der Masse in eine Richtung gelenkt und vereinheitlicht. Dahin

---

[4] vgl. Epstein, Jean: „Finalité du cinema" , in ders.: *Esprit de Cinéma*, Genf, Paris: Editions Jeheber, 1955, S.50

gehend entwickelte sich auch der Film in den folgenden Jahren. Die kollektive Ästhetik, die durch die Reproduzierbarkeit entstanden war, bot laut Benjamin zwar die Möglichkeit der Entwicklung hin zu gesellschaftlicher Emanzipation, barg aber gleichzeitig die Gefahr der politischen Vereinnahmung, wie zeitgenössisch am Aufschwung des Faschismus deutlich wurde. Da war die kritische Haltung des Publikums wohl noch zu schwach ausgeprägt.

5. Quellenverzeichnis

Benjamin, Walter: „Das Kunstwerk im Zeitalter seiner technischen Reproduzierbarkeit", in: Schöttker, Detlev (Hg.): *Walter Benjamin. Medienästhetische Schriften*, Frankfurt a.M.: suhrkamp 2002, S.351-382

Benjamin, Walter: „Über einige Motive bei Baudelaire", in: Tiedemann, Rolf / Hermann Schweppenhäuser (Hg.): Walter Benjamin. Gesammelte Schriften, Frankfurt a.m.: suhrkamp 1991, S.605-653

Bock, Wolfgang: „Medien im Übergang", in: Schulte, Christian (Hg.): *Walter Benjamins Medientheorie*, Konstanz: UVK Verlagsgesellschaft 2005, S.99-116

Elo, Mika: „Die Wiederkehr der Aura", in: Schulte, Christian (Hg.): *Walter Benjamins Medientheorie*, Konstanz: UVK Verlagsgesellschaft 2005, S.117-135

Geulen, Eva: „Zeit zur Darstellung. Walter Benjamins Das Kunstwerk im Zeitalter seiner technischen Reproduzierbarkeit", in: *MLN.* 107/ 3, April 1992, S.580-605

Kreimeier, Klaus: „Benjamin und die Medien", in: Schulte, Christian (Hg.): *Walter Benjamins Medientheorie*, Konstanz: UVK Verlagsgesellschaft 2005, S.87-97

Lindner, Burkhardt: „Von Menschen, Mondwesen und Wahrnehmungen", in: Schulte, Christian (Hg.): *Walter Benjamins Medientheorie*, Konstanz: UVK Verlagsgesellschaft 2005, S.9-38

Missomelius, Petra: Digitale Medienkultur. Wahrnehmung – Konfiguration – Transformation, Bielefeld: transcript 2006, S.57-75?

Schöttker, Detlev : „Nachwort. Benjamins Medienästhetik", in : ders. (Hg.): *Walter Benjamin. Medienästhetische Schriften*, Frankfurt a.M.: suhrkamp 2002, S.411-433